Nicolas

DE GRIGNY

ORGAN BOOK

FOR ORGAN

K 04147

Kalmus

TABLE DES MATIÈRES

1ER. Kyrie en Taille, à 5.(*)

(*) **Claviers**: Tous les Fonds et le Plein-jeu.
  Pédale: Fonds et Anches de **8** et **4 P**.

(**) Noté ainsi dans l'édition originale:

FUGUE À 5. QUI RENFERME LE CHANT DU KYRIE.(*)

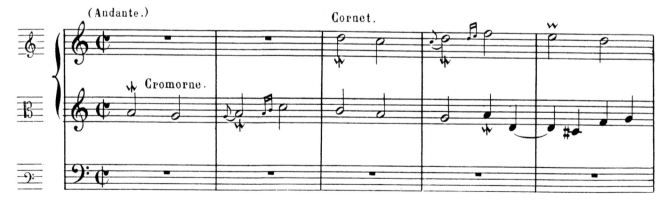

(*) RÉCIT: (main gauche) Gambe et Bourdon de 8.

G.ᵈ O. (main droite) Fl. harm. de 8.

PÉDALE: Jeux doux de 16 et 8.

Pedalle.

CROMORNE EN TAILLE À 2 PARTIES.

TRIO EN DIALOGUE.(*)

(*) RÉCIT: Trompette.
POSITIF: Clarinette.
Gᵈ ORGUE: Bourdon de 8.
PÉDALE: Bourdons de 16 et 8.

8

(POS.) Cromorne.   (RÉCIT.) Cornet.

(POS.) Cromorne.

(RÉCIT.) Cornet.   (POS.) Cromorne.

(RÉCIT.) Cornet.

(RÉCIT.)
Cornet.   (POS.)
Cromorne.

Pedalle.

(*)

(*) MI dans l'édition originale.

DIALOGUE SUR LES GRANDS JEUX.(*)

(*) Grand chœur avec Cornet, sans Plein-jeu.

(*) Ecrit aiusi dans l'édition originale :

ET IN TERRA PAX A 5.(*)

(*) CLAVIERS: Plein-jeu ou Fonds sans 16 P.
PÉDALE: Fonds et Anches 8,4.

(*) Ces deux mesures sont ainsi dans l'édition originale:

(**) Noté ainsi dans l'édition originale:

14

Fugue.

Duo (**)

(*) Gette petite note est une noire dans l'édition originale.

(**) Récit: (main gauche) Basson de 8, Flûte oct. de 4.
Positif: (main droite) Cor de nuit de 8, Fl. douce 4, Nasard de 2 P. ⅔ ad libitum.

Récit de Tierce en Taille (*)

(*) **Positif**: Jeux doux de 8.
   Récit: Cor de nuit, Gambe de 8 et Octavin doux de 2.
   Pédale: Jeux doux de 16 et 8.

(**) Cet accord est écrit ainsi dans l'édition originale :

(***) Écrit ainsi dans l'édition originale :

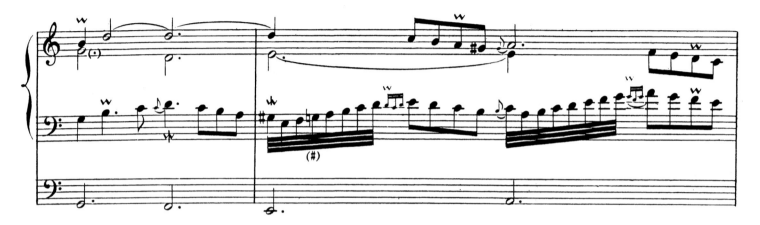

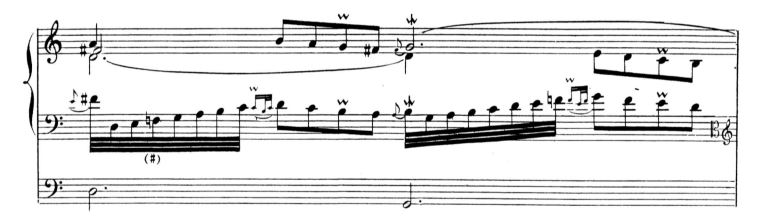

(*) Ces huit notes sont en triples croches dans l'édition originale.

(*) Une double croche et deux triples croches dans l'édition originale.

BASSE DE TROMPETTE OU DE CROMORNE.

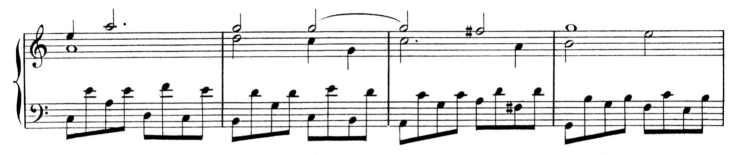

(PED.)

DIALOGUE.(*)

(*) Récit: Fonds 8, 4.

Positif: Cromorne (ou Clarinette) et Bourdon de 8.

Gᵈ Orgue: Fonds de 16, 8, et 4, Récit accouplé.

Pédale: Fonds de 16 et 8.

Fugue à 5.^(*)

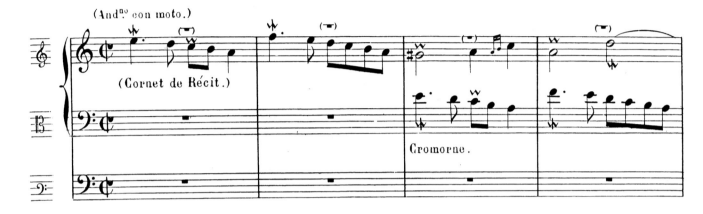

(And^{no} con moto.)

(Cornet de Récit.)

Cromorne.

(tr)

Pedalle.

(*) Récit: (main gauche) Basson de 8, Flûtes de 8 et 4.
Positif: Jeux doux de 8 et 4, Nasard de 2 P. $\frac{2}{3}$. (main droite.)
Pédale: Soubassé 16, Flûte 8.

(*) Écrit ainsi dans l'édition originale :

TRIO.(*)

(*) Récit : (main gauche) Gambe et Bourdon de 8.
Positif ou Gd Orgue : Fl. harm. de 8.

DIALOGUE.(*)

(G.d O.)
Dessus.

(POS.)

(POS.)

Basse.
(G.d O.)

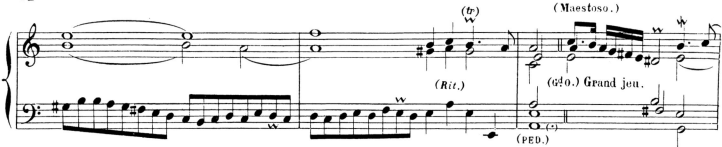

OFFERTOIRE SUR LES GRANDS JEUX.^(*)

(*) Si on exécute ce morceau avec les jeux indiqués par l'auteur, il faudra mettre au RÉCIT le Cornet, boîte ouverte, au POSITIF les jeux d'Anche, au Gᵈ ORGUE le grand chœur. Ce qui est indiqué «Petit jeu» se jouera sur le Positif, et les phrases marquées "Basse" ou "Dessus" sur le grand orgue, l'accompagnement sur le Positif; ce qui est marqué pour l'"Echo" pourra se jouer sur le Récit fermé, à moins qu'on ne possède un clavier d'écho avec Cornet.

Sur les orgues modernes, on pourra rendre cette pièce avec les jeux suivants : RÉCIT, Trompette et Fonds de 8, POSITIF, Fonds de 8 et 4 P. Gᵈ ORGUE, Grand chœur avec Cornet sans Plein-jeu, PÉDALE, Fonds de 16 et 8,(anches préparées). Les indications de claviers entre parenthèses, s'appliquent à cette registration moderne.

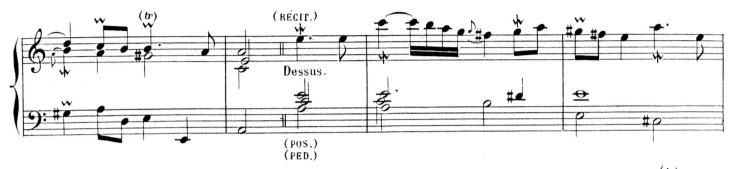

(*) **LA** au lieu de **SOL** dans l'édition originale.

Grand jeu.

(Gᵈo.)

(Gᵈ0.)

(PED.)

(S.PED.)

(PED.)

(*) Dans l'édition originale il y un dièze devant ce SI.

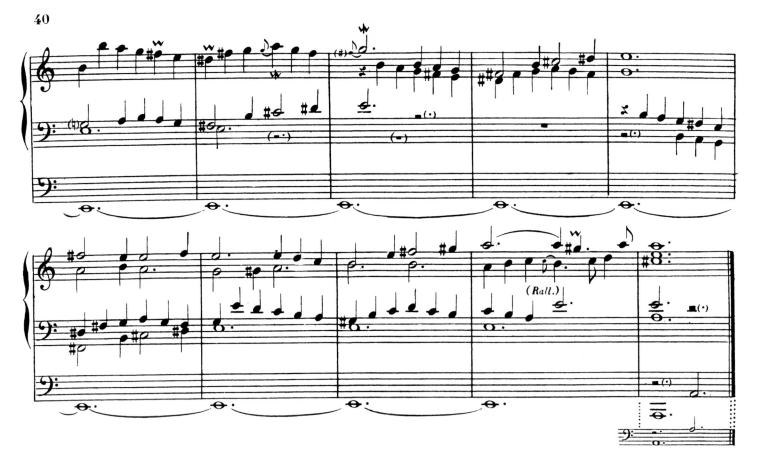

PREMIER SANCTUS EN TAILLE À 5 (*)

(*) **CLAVIERS** réunis: Fonds 16, 8, 4, 2, Pl. jeu.
PÉDALE: Fonds et Anches 8, 4.

FUGUE(*)

(*) CLAVIERS réunis : tous les Fonds de 16, 8, 4.
   PÉDALE : Fonds de 32, 16, 8, 4, Tirasse.

Récit de Tierce pour le Benedictus^(*)

(*) Récit: Hautbois.
Positif: Salicional de 8.
G^d Orgue: Bourdon de 8, Pos. accouplé.
Pédale: Bourdons de 16 et 8.

DIALOGUE DE FLÙTES POUR L'ELÉVATION[*]

(*) CLAVIERS réunis: Flûtes harmoniques de 8.
PÉDALE: Bourdons de 16 et 8.

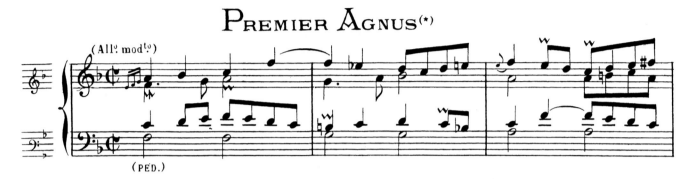

PREMIER AGNUS (*)

(*) CLAVIERS réunis : Fonds de 16, 8, 4, 2. Pl. jeu.
PÉDALE: Fonds et Anches de 32, 16, 8, 4.

DIALOGUE ^(*)

(*) **RÉCIT**: Fonds 8, 4, Trompette, Cornet.
   POSITIF: Jeux doux de 8 et 4, Nasard de 2 P. $\frac{2}{3}$ *ad libitum*.
   G^d ORGUE: Grand chœur avec Cornet, sans Plein-jeu Récit accouplé.
   PÉDALE: Fonds et Anches 16, 8, 4.

(**) Cette mesure est gravée ainsi dans l'édition originale:

(*) Ecrit ainsi dans l'édition originale :

Dialogue à 2 Tailles de Cromorne et 2 dessus de Cornet
POUR LA COMMUNION (*)

(*) Noté ainsi dans l'édition originale :

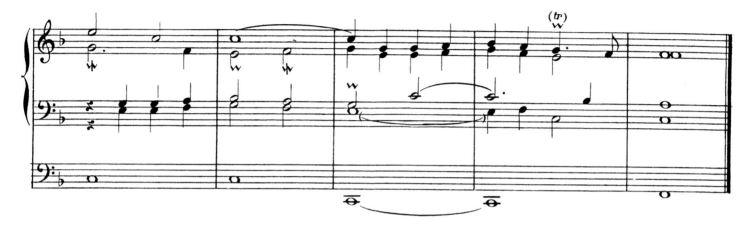

Plein Jeu (**)

(*) Ces deux mesures sont gravées ainsi dans l'édition originale :

(**) CLAVIERS réunis: Fonds 16, 8, 4, 2, Plein-jeu.
PÉDALES: Fonds 32, 16, 8, 4, Tirasse.

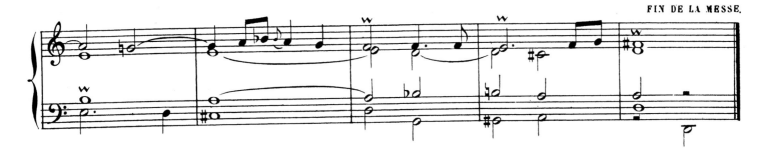

FIN DE LA MESSE.

VENI CREATOR
EN TAILLE A 5 (*)

(*) CLAVIERS réunis: Fonds 16, 8, 4, 2. Plein-jeu.
    PÉDALE: Fonds et Anches 8, 4.

(**) RE au lieu de DO dans l'édition originale.

FUGUE À 5 (*)

(*) POSITIF: main gauche, Cromorne (ou Clarinette) Cor de nuit de 8, Flûte douce de 4.
 Gᵈ ORGUE: main droite, Montre et Bourdon de 8.
 PÉDALE: Soubasse 16, Flûte et Violoncelle de 8.

Pedalle.

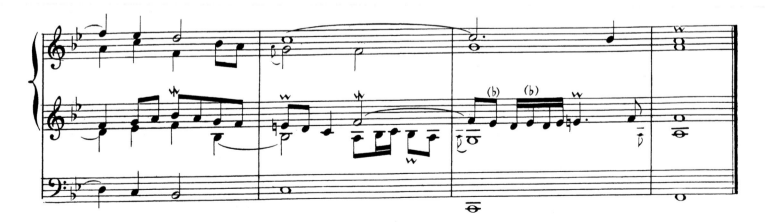

Duo (*)

RÉCIT DE CROMORNE (**)

(*) Noté ainsi dans l'édition originale:

(**) RÉCIT: Hautbois. — Gᵈ ORGUE: main droite, Bourdon de 16, Récit accouplé.
POSITIF: main gauche, Flûte de 8. — PÉDALE: Soubasse de 16, Tirasse du Pos.

61

(*) Gravé ainsi dans l'édition originale :

(**) Gravé ainsi dans l'édition originale :

DIALOGUE SUR LES GRANDS JEUX (*)

(*) Grand chœur avec Cornet, sans Plein-jeu.

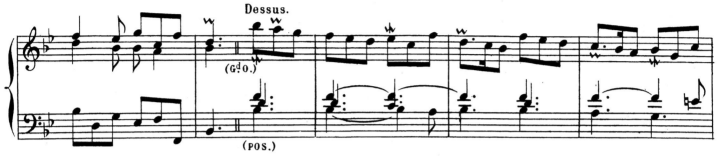

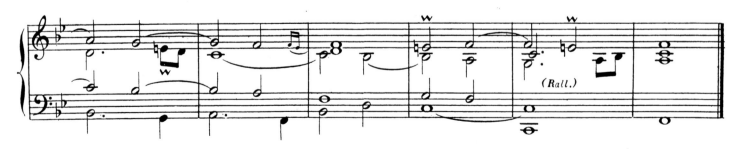

(*) Noté ainsi dans l'édition originale :

PANGE LINGUA, EN TAILLE À 4 (*)

(*) CLAVIERS réunis: Fonds 16, 8, 4, 2, Pl-jeu.
    PÉDALE: Fonds et Anches 8, 4.

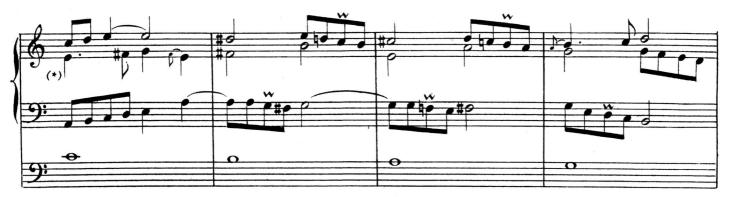

(*) Écrit ainsi dans l'édition originale:

Fugue à 5 (*)

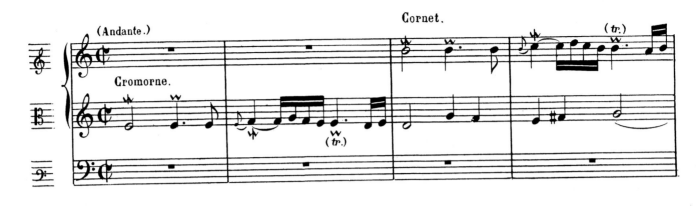

(*) Récit: main gauche, Hautbois, Bourdon, Flûte et Gambe de 8.
Gᵈ Orgue: main droite, Montre et Bourdon de 8.
Pédale: Soubasse 16, Flûte et Violoncelle de 8.

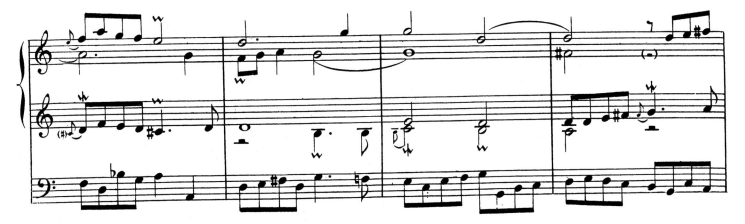

(*) Noté ainsi dans l'édition originale: (**)

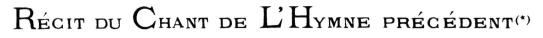

Récit du Chant de L'Hymne précédent^(*)

(*) Récit: Trompette.
Positit: Flûte de 8.
Pédale: Jeux doux de 16 et 8.

(*) Noté ainsi dans l'édition originale :

VERBUM SUPERNUM (*)

(*) **CLAVIERS** réunis : Grand chœur.

    PÉDALE : Fonds et Anches de 32, 16, 8, et 4. Tirasse du G^d O.

N.B. On peut jouer la partie de pédale en octaves, afin de mieux faire ressortir le plain-chant.

(**) Écrit sur deux portées dans l'édition originale.

FUGUE (*)

(*) POSITIF (ou Récit): Trompette, Flûtes de 8 et 4.

Gᵈ ORGUE: Fonds de 8 avec Prestant 4.

PÉDALE: Fonds de 16 et 8.

RÉCIT EN DIALOGUE.

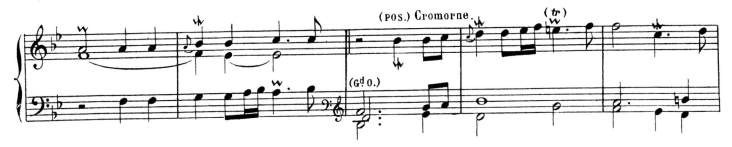

Récit de Basse de Trompette ou de Cromorne.

(*) SOL au lieu de LA dans l'édition originale.

(*) Noté ainsi dans l'édition originale: (**)

AVE MARIS STELLA^(*)

(Moderato.)

(*) CLAVIERS reunis, Fonds de 16, 8, 4, 2. Plein-jeu.
PÉDALE: Fonds et Anches de 8 et 4

FUGUE À 4 (*)

(And.te quasi all.tto)

(*) CLAVIERS réunis, Fonds de 8 avec Flûte de 4.
   PEDALE : Fonds de 16 et 8.

(**) Ecrit ainsi dans l'édition originale :

Duo (*)

(*) Récit, main droite, Fl. harm. de 8 et 4.
Positif ou Gᵈ Orgue, main gauche, Gambe et Salicional de 8.

Dialogue sur les grands jeux (*)

(*) Récit: Grand chœur.
   Positif: Jeux doux de 8 et 4, Nasard de 2 P. $\frac{2}{3}$.
   Gᵈ Orgue: Grand chœur sans 16 P. Récit accouplé.
   Pédale: Fonds et Anches de 16, 8, 4.

(**) Un quart de soupir ⌐ dans l'édition originale.

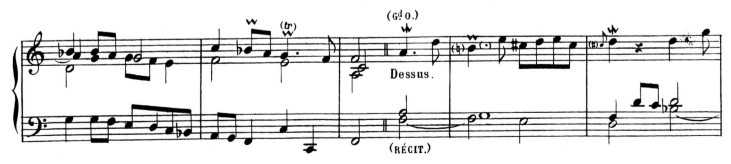

À SOLIS ORTUS (*)
(CRUDELIS HERODES.)

(*) CLAVIERS réunis, Grand chœur.
  PÉDALE: Fonds et Anches 32, 16, 8, 4. Tirasse du Gᵈ O.
N.B. On peut jouer la partie de pédale en octaves.

(**) Écrit sur deux portées dans l'édition originale.

FUGUE À 5 (*)

(*) Récit main droite, Flûtes harm. de 8 et 4.
G.^d Orgue : Bourdon, Gambe, Salicional de 8, main gauche.
Pédale : Soubasse 16, Flûte 8.

Pédalle.

Trio ^(*)

(*) Un soupir (𝄽) au lieu d'une demi-pause (𝄼) dans l'édition originale. **ALEX. G.**

(**) **POSITIF**: Quintaton de 16, Cor de nuit de 8, Flûte douce de 4.
RÉCIT: Basson de 8, Flûtes de 8 et 4.
G. ORGUE: Bourdon de 16, Récit accouplé.

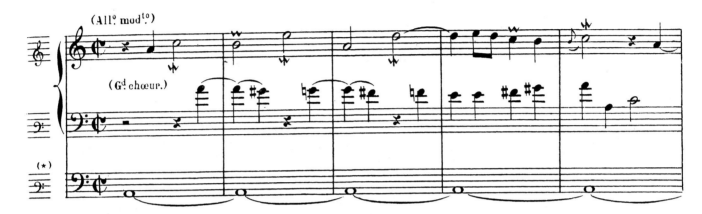

POINT D'ORGUE SUR LES GRANDS JEUX.

(*) Ecrit sur deux portées dans l'édition originale.

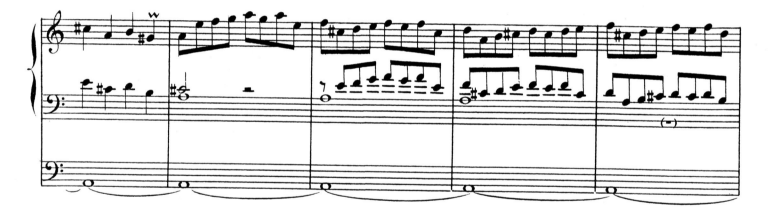

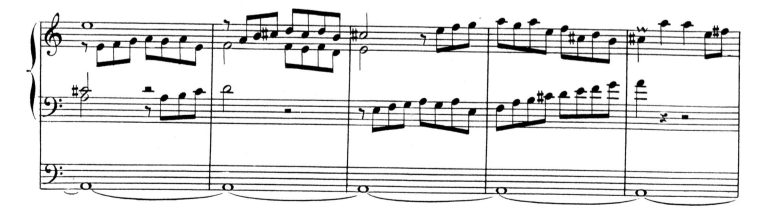

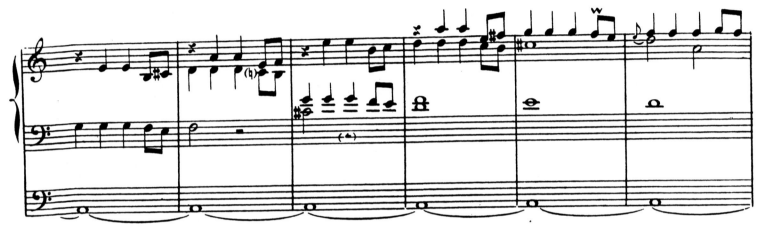

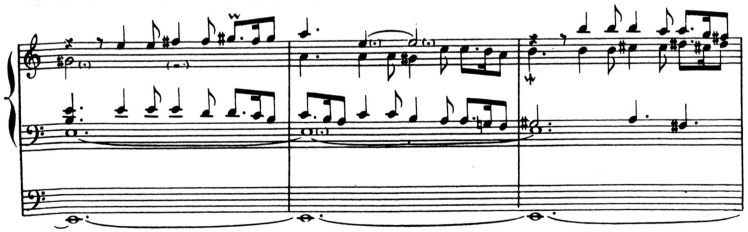

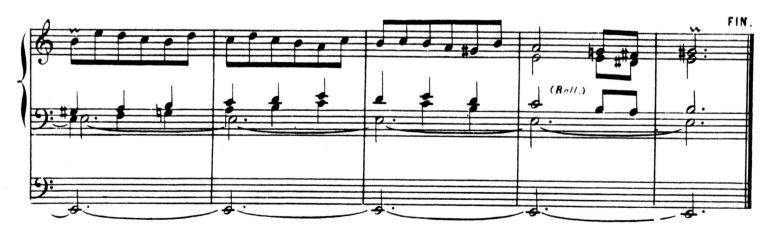